Bibliografische Information der Deutschen Nationalbibliothek:

Die Deutsche Bibliothek verzeichnet diese Publikation in der Deutschen National-
bibliografie; detaillierte bibliografische Daten sind im Internet über http://dnb.d-
nb.de/ abrufbar.

Impressum:

Copyright © 2005 GRIN Verlag, Open Publishing GmbH
Druck und Bindung: Books on Demand GmbH, Norderstedt Germany
ISBN: 9783640620272

Dieses Buch bei GRIN:

http://www.grin.com/de/e-book/149830/alphonse-marie-louis-prat-de-lamartine-
der-abstieg-eines-lyrikers-und

Sascha Nendza

Alphonse-Marie Louis Prat de Lamartine. Der Abstieg eines Lyrikers und Staatsmannes aus dem "Isolement" in den Tod

GRIN Verlag

GRIN - Your knowledge has value

Der GRIN Verlag publiziert seit 1998 wissenschaftliche Arbeiten von Studenten, Hochschullehrern und anderen Akademikern als eBook und gedrucktes Buch. Die Verlagswebsite www.grin.com ist die ideale Plattform zur Veröffentlichung von Hausarbeiten, Abschlussarbeiten, wissenschaftlichen Aufsätzen, Dissertationen und Fachbüchern.

Besuchen Sie uns im Internet:

http://www.grin.com/

http://www.facebook.com/grincom

http://www.twitter.com/grin_com

Universität zu Köln
Historisch-Romanisches Seminar

Alphonse-Marie Louis Prat de LAMARTINE

Der Abstieg eines Lyrikers und Staatsmannes:
aus dem *Isolement* in den Tod

Vorgelegt von:

Sascha Nendza

Inhaltverzeichnis

I Einleitung: Lamartines Narzissmus und die literarischen Anfänge

Um die Beweggründe für Lamartines frühes lyrisches Schaffen verstehen zu können, werden wir in aller Kürze einige wichtige biographische Abschnitte im seinem Leben betrachten. Dazu gehört die streng katholisch geführte Erziehung vor allem durch seine Mutter, die ihn 1803 auf das „Collège de Belley" schickt. Dort schließt Lamartine vor allem die Fächer Rhetorik und Philosophie mit großem Erfolg ab, und in dieser Zeit verfasst er bereits erste Verse und setzt sich mit den großen Autoren des 18. Jahrhunderts, vor allem mit Jean-Jacques Rousseau auseinander – später dann auch mit Victor Hugo. Vor allem aufgrund seiner Fähigkeiten und seiner ihm wohl bewussten Schönheit besaß Lamartine ein hoch entwickeltes Selbstbewusstsein, dass auch in diversen erotischen Abenteuern gipfelte, so dass ihn seine Eltern im Jahre 1811, um seine Heiratspläne zu vereiteln, auf eine beinahe einjährige Italienreise schickten. In Neapel, wo er am längsten blieb, lernte er Antonia Iacomino kennen, die ihn zu verschiedenen Gedichten, hauptsächlich zu *Graziella* inspirierte. Wie man unschwer erkennt, sind Lamartines erste lyrischen Versuche geprägt von Liebesschwärmereien und Sehnsüchten, die einem heranwachsenden Mann entsprangen, der sich selbst noch zu finden suchte und sich oft in seiner Einsamkeit wieder fand. Eine immerwährende Klage über Langeweile durchzog ihn; nichts drang völlig in die Sphäre seines innersten geistigen Lebens ein. Und so flüchtete er mit großer Melancholie in seine Gedichte, in die er seine ganze intellektuelle Stärke einbringen konnte, um darin die Gegenwart zu verarbeiten.

II Lamartines literarische Ressourcen - Lyrik und Tod

Mit dem Jahr 1816 beginnt für Lamartine eine schwere Zeit, in der ihm der Tod allgegenwärtig ist – dafür verantwortlich ist nicht allein das Leiden aufgrund der immer noch politisch unsicheren Zustände in Frankreich, sondern vor allem die frühen Tode seiner Jugendlieben Antoniella Iacomino und Julie Charles. Somit beginnt die Beschäftigung mit dem Jenseits bei Lamartine schon zu früher Zeit – dies und seine von Liebesqualen geführte Melancholie evozieren vor allem seine Flucht in die Poesie. Ab den 20er Jahren des 19. Jahrhunderts widerfahren Lamartine eine ganze Reihe von Schicksalsschlägen, dabei sind vor allem der Verlust seiner beiden geliebten Kinder Alphonse (1821-1822) und Julia (1822-

1

1832) zu nennen, aber auch die Tode seiner beiden Schwestern Césarine de Vignet (gestorb. Februar 1824) und Suzanne de Montherot (gestorb. August 1824) nebst dem Tod seiner Mutter (gestorb. 1829) lasten schwer auf ihm und sorgen für eine literarische Auseinandersetzung Lamartines mit dem Dies- und Jenseits. Mit Hilfe dieses Hintergrundwissens erfahren wir mehr über das „besondere" Verhältnis Lamartines zum Tod und dessen Verarbeitung in seinen Gedichten. So verfasste er im Jahre 1826 das Gedicht *Pensée des morts*; zuvor hatte er seinen Onkel Abbé de Lamartine verloren und gleichzeitig erinnert die Geburt des Sohnes seines Freundes Aymon de Virieu ihn an den Tod seines kleinen Alphonse. In seinen Versen spricht Lamartine von seiner Einsamkeit – und wenn er sich denen, die er liebt, zuwenden möchte, geht sein Blick hinüber auf die Gräber, dort auf den Wiesen, wo seine Lieben begraben sind:

```
...
C'est alors que ma paupière
Vous vit pâlir et mourir,
Tendres fruits qu'à la lumière
Dieu n'a pas laissé mûrir !
Quoique jeune sur la terre,
Je suis déjà solitaire
Parmi ceux de ma saison,
Et quand je dis en moi-même :
Où sont ceux que ton cœur aime ?
Je regarde le gazon.
Leur tombe est sur la colline,
Mon pied la sait; la voilà ! ¹
```

III Begründung der Frühromantik: « *Méditations poétiques* »

Als er 1816 eine Kur in Aix-les-Bains antritt, lernt er dort Julie Charles, die Frau eines berühmten Physikers kennen, in die er sich leidenschaftlich verliebt; ein geplantes Treffen im darauf folgenden Jahr scheitert an der Krankheit Julies, die noch im Dezember 1817 stirbt. Der Schmerz über den Verlust dieser Liebe, sowie der Versuch, im Glauben seinen Seelenfrieden zu erlangen, lassen Lamartine zum Lyriker werden. 1820 wird er nach einer Krankheit fromm und publiziert einen ersten Gedichtband: *Méditations poétiques*. Dieser rasch zahlreiche Auflagen erlebende und 1823 um *Nouvelles méditations* erweiterte Band bedeutet den Durchbruch der romantischen Lyrik in Frankreich, d.h. einer Lyrik, die nicht mehr an klassischen Vorbildern orientiert und überwiegend an den gebildeten Intellekt

---

¹ A. de Lamartine: *Pensée des morts* (dtsch: „Gedanken der Toten"), Verse 51-62, in :*Oeuvres poétiques complètes*, par M.-F. Guyard, 1963, S. 335. In der weiteren Folge weisen die Seitenzahlen in den Fußnoten zu den Gedichten Lamartines auf dieselbige Werk hin; d.h. alle Gedichte sind diesem Gesamtwerk entnommen.

gerichtet ist, sondern von Leidenschaften, erotischen und religiösen Sehnsüchten, Träumereien und Natureindrücken beherrscht wird und das Gefühl ansprechen will. Anmutig und leicht melancholisch wirken die eindrucksvollen Beschreibungen ländlicher Szenarien, in denen sich die Stimmungslage des Dichters spiegelt. Für die Literaturgeschichte stellt das Werk Lamartines die Vollendung der elegischen Dichtung des vorangegangenen Jahrhunderts dar. Im Jahre 1830 wird er dann von ihm lange ersehnt in die „Académie Française" gewählt und publiziert den Gedichtband *Harmonies poétiques et religieuses*.

Seine jugendliche Lyrik ist sicherlich romantisch, aber vor allem auch sehr melancholisch und manchmal auch sehr düster – dies spiegelt offenbar einen Charakter wieder, der sich von der Welt nicht immer so recht verstanden fühlte, seinem inneren Drang nach einem geordneten Leben und der Weltschmerz drückte ihm oft genug eine Klagestimmung auf. Vor allem aber die Angst Lamartines vor der Einsamkeit ist ein zentrales Thema. Vor allem die Gedichte *Le Lac*, *Le vallon* oder auch sein *Isolement* sind gepriesene Meisterwerke, in denen vor allem die Naturbeschreibungen den Leser bezaubern. Versuchen wir uns dem zuletzt genannten Gedicht einmal zu nähern, das übersetzt die „Abgeschiedenheit" bedeutet und sich wie ein Leitfaden durch die Biographie Lamartines zieht. Es wurde einige Monate nach dem Tode Julie Charles´ verfasst und der darin beschriebene Anblick des Lac du Bourget bei Aix-les-Bains, wo er „Elvire" das erste Mal traf, inspirierte ihn bei seinem literarischen Niederschlag. Sein *Isolement* zerfällt in zwei wenn auch nicht streng geschiedene Teile: 1. Beschreibung der gesehenen Landschaft; 2. Sehnsucht aus ihr hinaus in ein ideales Jenseits[2].

> De colline en colline en vain portant ma vue,
> Du sud à l'aquilon, de l'aurore au couchant,
> Je parcours tous les points de l'immense étendue,
> Et je dis : " Nulle part le bonheur ne m'attend. "
>
> Que me font ces vallons, ces palais, ces chaumières,
> Vains objets dont pour moi le charme est envolé ?
> Fleuves, rochers, forêts, solitudes si chères,
> Un seul être vous manque, et tout est dépeuplé.[3]

Und zwar schildert der Verfasser in allen Einzelheiten, was er – von seinem Aussichtspunkte aus – angeblich vor sich sieht, ehe er unter Erklärung seiner Unbeteiligtheit am Gesehenen, weil es das Eine nicht enthalte, was er zu sehen sich sehne, seine Augen vom sinnlich

---

[2] Leo, Ulrich: *Zwei Einsamkeiten*, S. 374.
[3] A. de Lamartine: *Isolement*, Verse 21-28, S. 3.

Sichtbaren sehnsüchtig ins Unerreichbare wendet – ins Unerreichbare, das ihm nur Ziel der Sehnsucht bleibt.

Nach der Frage, was Lamartine jedoch in seinem Gedicht sieht, können wir als Beispiele nennen, die in einer Reihe von Antithesen auftreten « du sud à l´aquilon, de l´aurore au couchant »[4], « ces palais, ces chaumières »[5] und « en un ciel sombre ou pur qu´il se couche ou se lève »[6]. Es handelt sich hier um eine Landschaft, deren spezifisches Aussehen von dieser syntaktischen Form zugedeckt erscheint: die antithetische Anordnung will das Aufnahmevermögen des Lesers weglenken von der Landschaft – hin auf dessen formale Zuspitzung, in der die Verwobenheit des Todes und die Naturbeschreibung bei Lamartine in einer Einheit zusammenfallen, aber dennoch ein Oppositionspaar bilden, oder wie Kablitz es formuliert, „dass sich die Raumorganisation metaphorisch in eine zeitliche Struktur löst, weil die Opposition von Leben und Tod möglicherweise mit dem veränderten Verhältnis des Sprechers zu seiner Partnerin zusammen hängt."[7]

> Mais à ces doux tableaux mon âme indifférente
> N'éprouve devant eux ni charme ni transports,
> Je contemple la terre ainsi qu'une ombre errante :
> Le soleil des vivants n'échauffe plus les morts.[8]

Ist die Geliebte gestorben, so ist der entscheidende Gegensatz nicht mehr derjenige von Natur und Stadt, sondern derjenige von Diesseits und Jenseits, von Leben und Tod. Wir erleben im Isolement die Wandlung der Raumstruktur: Natur und Stadt, die zu Beginn der Elegie bei Lamartine traditionell in Opposition stehen – werden nun ersetzt durch das Oppositionspaar von Diesseits und Jenseits, und schon stehen wir vor einem christlich-platonischen Kontext, der sich schon allein anhand der folgenden Verse konstatieren lässt:

> Mais peut-être au-delà des bornes de sa sphère,
> Lieux où le vrai soleil éclaire d'autres cieux,
> Si je pouvais laisser ma dépouille à la terre,
> Ce que j'ai tant rêvé paraîtrait à mes yeux ![9]

Der Sprecher hofft durch die „vrai soleil", nämlich Gott, seiner Sonne, nämlich seiner Geliebten im Jenseits wieder näher zu kommen. Somit sehen wir schon in Lamartines

---

[4] Ebenda, Vers 22.
[5] Ebenda, Vers 25.
[6] Ebenda, Vers 41.
[7] Kablitz, Andreas: *Lamartines Méditations Poétiques*, S. 182.
[8] A. de Lamartine: *Isolement*, Verse 17-20.
[9] Ebenda, Verse 37-40.

frühesten lyrischen Zeugnissen, die gegenwärtige Beschäftigung mit dem Jenseits – vor allem dabei aber in Opposition zum Diesseits.

Julie Charles starb am 18.Dezember 1817 in Paris; eine Woche später zum Feste der Geburt Christi erfährt Alphonse de Lamartine zu Hause in Milly von ihrem Tod. Der Verbleib ihrer sterblichen Hülle, bzw. ihr Bestattungsort gibt einige Rätsel auf – so scheint ihre Grabstätte an vielerlei Orten möglich und dennoch unauffindbar. So gibt es Spekulationen, dass sie in Saint Paterne (ca. 30km nördlich von Tours) beerdigt worden sei, nahe dem Ort wo sie Monsieur Charles einst heiratete – möglich scheint auch Chantenay-sur-Loire (nahe Nantes), wo Julies Vater zu Hause war – aber auch letztendlich scheint es nicht unmöglich, dass Julie Charles in Paris auf dem ehemaligen Friedhof von Vaugirard (geschlossen 1824; 1837 durch den Bau des Boulevard Pasteur zum großen Teil amputiert worden) ihre letzte Ruhestätte fand. Jedoch könnten die sterblichen Überreste Julies eventuell den Pariser Katakomben zugeführt worden seien, aufgrund des Desinteresses der Familie Charles, da der Friedhof von Vaugirard 1856 endgültig beseitigt wurde, und die Angehörigen der Verstorbenen dazu angehalten wurden, ihre Toten auf andere Friedhöfen zu verlegen.

So denken wir an Lamartines Bericht der Wanderung zum Grabe Julie Charles (Elvire) nach Saint-Germain-des-Prés. Die Frage, ob es sich bei dieser Schilderung um eine rein poetische Fiktion handelt, können wir letztendlich nicht genau rekonstruieren – und dennoch ist es mehr als unwahrscheinlich, dass Lamartine seine Wanderung zu dem Grabe der Elvire als simplen literarischen Effekt nutzt – denn Julie Charles hatte ihn doch einst zu wahrlich unsterblichen Versen inspiriert – käme es da nun nicht einer Entweihung dieser Erinnerung an eine geliebte Person gleich?

> « Cette belle personne mourut… je n´étais pas à Paris. J´y revins deux ans après. Je parvins avec bien de la peine à me faire indiquer sa tombe sans nom dans un cimetière de village, loin de Paris. J´allai seul à pied, inconnu au pays, m´agenouiller sur le gazon qui avait déjà eu le temps d´épaissir et de verdir sur sa dépouille mortelle. [...] J´étendis mes bras en croix sur le gazon... L´éternité me semblait avoir commencé pour nous deux et, quoique mes yeux fussent en larmes, la plénitude de mon amour, désormais éternel comme son repos, était tellement sensible en moi pendant cette demi-journée de prosternation sur une tombe qu´aucune heure de mon existence n´a coulé dans plus d´extase et dans plus de piété. »[10]

Fakt ist, Lamartine – der große Romantiker – fand wohl die Pariser Nekropole eher weniger beschaulich als ein kleines Grab in einem idyllischen Dorf, das ganz seinem literarischen Ideal entsprach. Lamartine hatte gewollt, dass seine einst so geliebte Julie an einen Ort ihren

---

[10] Verdier, Abel: *« La tombe sans nom »*, S. 574. (Beschreibung aus A. de Lamartines *Souvenirs et portraits*)

letzten Frieden finden sollte, wo sie im Tode liebevoll gebettet ist – so wie Lamartine sie mit größtem Ruhm in sein literarisches Schaffen eingebettet hatte.

Und doch scheinen die Umstände des Begräbnisses der Julie Charles unaufklärbar - Lamartine selbst spricht von einem Grab ohne Namen („tombe sans nom"), dass er selbst nur mit Mühe gefunden hatte und er nimmt diesen Umstand auch in seinem Gedicht *Le crucifix* auf, in dem ihn der Anblick der toten Julie Charles erschaudern lässt; erstarrt bleibt er vor ihrer sterblichen Hülle stehen, bevor ihm der Priester zu jener schweren Stunden mit seinen Worten zur Seite steht, ihm das Kreuz überreicht und Hoffnung stiftet. Danach schwelgt der Autor in Erinnerungen, sieben Mal hätte der Baum, den er an ihrem Grab ohne Namen gepflanzt haben will, schon sein Blattwerk gewechselt:

> Je n´osais !... mais le prêtre entendit mon silence,
> Et, de ses doigts glacés prenant le crucifix :
> « Voilà le souvenir, et voilà l´espérance :
> Emportez-les, mon fils ! »
>
> Oui, tu me resteras, ô funèbre héritage !
> Sept fois depuis ce jour l´arbre que j´ai planté
> Sur sa tombe sans nom a changé son feuillage :
> Tu ne m´as pas quitté.[11]

Lamartine sagte über dieses Gedicht aus den *Nouvelles Méditations* : « Je ne relis jamais ces vers, c´est assez de les avoir écrits ».[12] Darin spiegelt sich die große Trauer Lamartines über den Verlust seiner geliebten Julie wieder, aber auch sein Trübsinn und seine Emotionalität, denn er selbst liest seine verfassten Verse nicht mehr, weil sie ihm zu grausam die Wahrheit über den Tod wieder in Erinnerung rufen.

Eine ähnliche Ungewissheit über den Verbleib der sterblichen Überreste schwebte über dem posthumen Schicksal der Antoniella, die im Januar des Jahres 1815 starb, deren Tod Lamartine erst im April desselben Jahres vernahm: « Je ne sais pas où dort ta dépouille mortelle.»[13] Auf jeden Fall äußerte Alphonse de Lamartine in einem Brief an seinen Freund den Grafen Aymon de Virieu den Wunsch neben ihr beerdigt zu werden. Heute wissen wir, im Gegensatz zum damaligen Lamartine, dass Mariantonia Iacomino (Lamartines „Graziella") in Pugliano beerdigt wurde. Jedoch soll uns dies nicht weiter beschäftigen, denn Lamartines wahre Muse sehen wir in Julie Charles, jenem Geschöpf, dessen Leben nur von

---

[11] A. de Lamartine: *Le crucifix*, Verse 37-44, S. 175.
[12] Verdier, Abel: « *La tombe sans nom* », S. 571.
[13] Ebenda.

kurzer Dauer beschieden war und doch auf ewig ihm in Erinnerung blieb, nicht zuletzt aufgrund seines dichterischen Vermächtnisses.

IV Die göttliche Mission der Dichter

Wenn wir uns mit dem Vermächtnis des Dichters beschäftigen, sollten wir uns dabei nun fragen, wie Lamartine, sich in der Rolle als Dichter sah, vor allem welchen Anspruch er dabei an sich und den Dichter im Allgemeinen stellte.

Wie Vigny oder Hugo sah sich Lamartine als Auserwählter, als Prophet. Gott hatte sie bevorzugt, um die Menschheit zu führen – ihnen sozusagen eine göttliche Mission auferlegt, die sie als Privilegierte und Nachfolger Christi bestimmte. Doch bei aller Theorie, sah Lamartine die Realität als wahre Herausforderung, denn nicht allein das Wort sorgt für Veränderung, sondern Taten. So sah sich Lamartine viel mehr als Mann der Aktion und nach dem zerstörerischen Werk der Revolution glaubten sich die Romantiker dazu bestimmt, die Gesellschaft wieder aufzubauen. Lamartine beschrie die Notwendigkeit des Handelns (im politischen Sinn), und sah sich in einem Rausch des Tatendrangs. Sein Enthusiasmus führte soweit, dass er die Poesie verschmähte: « Qu´est-ce qu´un homme qui, à la fin de sa vie, n´aurait fait que cadencer ses rêves poétiques ? »[14]

So ist Lamartines Gedicht *Adieu à la poesie* zum Schluss seiner Nouvelles Méditations Poétiques zugleich Programm; er verabschiedet sich von der Poesie:

> Und Zeiten gibt es, da der Leier
> Ein seliger Schlummer scheint bescherrt,
> und da des Dichters wildes Feuer
> das kühn gelodert, frei und freier,
> ins tiefste Herz zurückkehrt.
>
> So lebe wohl, es naht die Stunde,
> Du meine Leier, lebe wohl![15]

Lamartine sieht in der Poesie nur die Funktion des Trauerns, um darin den Schmerz zu bändigen, der einem in jenem Land stets widerfährt. Doch wer allein Schmerz und Sehnsucht beklagt, wird dem Glück nicht mehr begegnen:

---

[14] Citoleux, Marc: *Lamartine*, S. 28. (Avertissment de Jocelyn)
[15] A. de Lamartine: *Abschied von der Poesie* [frz. Titel: *Adieu à la poésie*], Verse 6-10 und 16-17.
   In: *Ausgewählte Gedichte*, Übersetzung nach L. Korth & A. Levy, S. 398-399.

In diesem Land voll banger Leiden,
da Tränen weinet jedes Herz,
bekränzet stets mit Trauerweiden,
sollt´ uns die Leier nur begleiten,
um einzuschläfern unsern Schmerz.

Wer seinen Sang hier lässt erschallen,
singt nur von Schmerz und Sehnsucht noch:
Des Glückes Saiten nimmer hallen,
Die Dichter und die Nachtigallen –
Ihr schönster Sang sind Seufzer doch.[16]

V Poesie – oder die brotlose Kunst?

Während seines Lebensabends bedauerte Lamartine, dass die Poeten nun wieder allein zu Briefschreibern geworden seien, dabei ist sein Credo, dass der Poet in turbulenten Zeiten zu intervenieren habe. Wenn sich Lamartine in diesem Punkt von den Romantikern separiert, dann weil er nicht die Theorie mit der Praxis verwechselt, nicht den Traum mit der Realität, nicht das Absolute mit dem Relativen: « La poésie ne doit être que le délassement de nos heures de loisir, l´ornement de la vie : mais le pain du jour c´est le travail et la lutte. »[17]

Lamartine lebte im Ausland als Botschafter und war gezwungen die Minister und Diplomaten zu beobachten und den Amtshaushalt zu führen. So unterschied er die Poesie als absolut und die Politik, die relativ, vergänglich, lokal, national und von diversen Umständen abhängig ist. Trotz allem missachtete Lamartine nicht den sozialen Einfluss der Poesie, der erhaben, aber indirekt ist. So konnte Lamartine nicht länger das romantische Thema vom Unglück des Dichters und der „Ungerechtigkeit des Menschengeschlechts behandeln, denn er hatte begriffen, dass man die Poesie und die Politik schwerlich miteinander vereinen kann - dies äußerte er in seiner *Reise in den Orient*, als er bereits seine politische Karriere zu fördern versuchte:

« Il n´y a cependant aucune incompatibilité entre l´action et la pensée dans une intelligence complète... mais les hommes jaloux de toute prééminence n´accordent jamais deux puissance à une même tête : la nature est plus liberale. »[18]

Hiermit haben wir die Gründe erläutert, die mir wichtig erscheinen, um die Abkehr Lamartines aus der Poesie und sein steigendes politisches Engagement zu erklären. Er fühlte sich zwar als Mann der Aktion, unterwarf sich zugleich aber dem Vorurteil, dass eine Person nicht zwei Stärken in sich tragen kann – und noch genauer betrachtet müssen wir konstatieren,

---

[16] A. de Lamartine: *Abschied von der Poesie*, Verse 26-35. Übersetzung nach L. Korth & A. Levy, S. 399.
[17] A. de Lamartine: Lettre à Guichard de Bienassis, 1835.
[18] A. de Lamartine: *Voyage en Orient*, 1er vol., 18 août 1832, S. 137.

dass Lamartine als Politiker äußerst vorsichtig war und sich als Feind von brüsken Veränderungen darstellte. Während andere dazu bereit waren, das Universum umzustürzen, wollte der Staatsmann nur eine kleine bescheidene Rolle in der Revolution spielen – eine Revolution, die für ihn eine Evolution war. Somit müssen wir vorsichtig sein, inwieweit wir den Politiker Lamartine als wirklichen Aktionsmensch wahrnehmen können oder besser wahrnehmen müssen. Häufig genug wurde ihm der Vorwurf der Realitätsferne gemacht.

Lamartine bezeichnet seine frühe Lyrik als Jugendwerk, in dem er seine Leere aufzufüllen versuchte, in dem er einen Weg suchte, um sich selbst zu finden. Im Alter von 73 Jahren kam Lamartine zu folgender interessanter Aussage, die die Tatsache betont, dass sich Lamartine als Politiker zu wenig ernst genommen sah:

> « Je persiste à croire, contre tout le monde, que j'étais né pour un autre rôle que celui de poète fugitif, et qu'il y avait dans ma nature plus de l'homme d'Etat et de l'orateur politique que du chantre contemplatif de mes impressions de vingt ans. »[19]

VI Der Tod seiner Tochter Julia

Während seiner Orient-Reise in den Jahren 1832 / 33 stirbt Lamartines Tochter Julia. Dieses traurige Ereignis verarbeitet er im Gedicht *Gethsémani, ou la mort de Julia*. In jenem beschreibt Lamartine den Zustand seines Unglückes sehr prägnant zu Beginn der letzten Strophen des Gedichtes:

> Maintenant, tout est mort dans ma maison aride,
> Deux yeux toujours pleurant sont toujours devant moi;
> Je vais sans savoir où, j´attends sans savoir quoi ;
> Mes bras s´ouvrent à rien et se ferment à vide.[20]

In seinem einsamen Haus herrscht nur noch Trauer und er läuft herum, ohne zu wissen wohin, und er wartet, ohne zu wissen auf was. So schreibt er zwei Wochen nach diesem Unglück einen Brief an seinen Freund Aymon de Virieu, der all sein Leid ausdrückt:

> « Mon cher ami, tu seras le premier à mêler une larme aux miennes : nous n´avons plus d´enfant. L´ange céleste qui fut nôtre vient de nous être enlevé en cinq jours de maladie de poitrine. Le 6 décembre, à 2 heures de la nuit, elle est montée au ciel de mes bras où elle a rendu son âme pure et parfaite à son Créateur. Tu juges où nous en sommes. Nous ne vivons plus. Nous croyons encore à un rêve de bonheur, puis de désespoir. Cependant, c´est ainsi, et voilà tout le bonheur, et tout l´espoir, et tout l´intérêt, et tout le charme de notre vie détruits à jamais. »[21]

---

[19] http://www.terresdecrivains.com/article.php3?id_article=103
[20] A. de Lamartine: *Gethsémani, ou la mort de Julia*, Verse 183-186, S. 565.
[21] Marquis de Luppé: *Les travaux et les jours de Lamartine*, S. 161-162.

Alles scheint nur noch trist und ohne Sinn – er ist der Verzweifelung nahe, er führt ein Leben voller Schmerz. Anstatt aus Blut bestehe sein Herz nur noch aus Tränen: «Je fus dès la mamelle un homme de douleur; Mon cœur, au lieu de sang, ne roule que des larmes,... ».[22] Dieses Gedicht ist ein weiteres Indiz für die Ventilfunktion, die die Poesie bei Lamartine einnahm. Er verarbeitete den Tod in seinen Werken, um sich Luft zu verschaffen, um seine geschwächte und häufig dem Untergang nahe Seele wieder zu beleben. Lamartines Leben wurde von überaus vielen Schicksalsschlägen geprägt, so hat er z.b. in den Jahren von 1815 - 1840 mindestens zwölf oder mehr Personen, sei es von familiärer Seite oder aus dem engsten Freundeskreis, durch den Tod verloren. Diese Schicksale, vor allem aber der Verlust seiner geliebten Kinder, haben sich in sein Herz gebrannt und erzeugten aus unserer heutigen Sicht betrachtet, eine äußerst melancholisch-funerale Stimmung, die vor Lamartine kein anderer Literat zu einer solchen Darbietung brachte. Der Realitätshintergrund dieser Gedichte und der emotionale und klagevolle Ton eines Lamartine verschmelzen beeindruckend, und erzeugen zugleich eine bedrückende Stimmung beim Leser, dem die Bilder dieser Funeral-Szenarien unweigerlich vor den Augen erscheinen.

VII Der Schöpfer und die Unsterblichkeit bei Lamartine

In Lamartines Zentrum steht vor allem das Thema der unerfüllten Liebe, das die gesamte Skala der Empfindungen der menschlichen Seele einschließt, das Naturerleben, sowie ein fortwährendes Fragen nach Religiösität und dem Sinn des Lebens. Obwohl sich Lamartine nach und nach von seiner streng katholischen Erziehung löst und er einerseits häufig einfach als deistisch bezeichnet wird – Deisten propagieren eine natürliche Religion, nach der jeder Mensch unabhängig kirchlicher Institutionen und „naturgegeben" Gott erkennen könne – gilt er andererseits doch als der romantische Dichter der christlichen Religion schlechthin.

So ist in seinen Gedichten neben den Fragen nach der Unsterblichkeit und der göttlichen Vorhersehung immer wieder das Suchen und Streben der menschlichen Seele zu Gott als zentral erkennbar. Gott stellt für Lamartine nur ein erdachtes Wort dar, um die Welt zu erklären, damit nimmt Lamartine eine sehr antiklerikale Position ein. Ihn hat das Verhältnis von Kirche und Staat sehr beschäftigt, doch öffentlich hat er hier zurückgehalten. Am klarsten tritt Lamartine im Jahre 1845 für die Trennung von Kirche und Staat auf.

---

[22] A. de Lamartine: *Gethsémani, ou la mort de Julia*, Verse 1-2, S. 560.

Wie sehr Lamartine die Frage nach der Unsterblichkeit und nach Gott beschäftigt hat, lässt sich in vielen seiner Werke erkennen, so natürlich zu allererst in seinen *Méditations poétiques* und dort bezeichnender Weise in seinem Gedicht *L´immortalité*. Aber auch seine *Hymne de la mort* aus dem vierten Buch der *Harmonies poétiques et religieuses* reiht sich in die Werke ein, die den Tod dafür preisen, dass mit ihm die Seele unsterblich wird: « Élève-toi, mon âme, au-dessus de toi-même, [...] Je vis, je languis, je soupire! Ah ! mourons pour vivre toujours! »[23] Sicherlich ist die Verarbeitung dieses Themas eine Variante bei Lamartine, um sich selbst die Angst vor dem Tod zu nehmen. Auch wenn er seinem eigenen Tod gelassener entgegen sah, so war für ihn die mit dem Tod verbundene Trennung von den ihm geliebten Menschen das Grausamste; das dadurch bedingte Leiden mündete in einen tiefen Schmerz, der seine Seele mit großer Melancholie befiel, so dass Lamartine von sich selbst sagte: « Mon âme est triste, jusqu´à la mort! »[24] So schien es, dass er nur noch im Tod sein Glück finden konnte.

Ein äußerst interessantes Werk stellt in diesem Zusammenhang auch Lamartines *La mort de Socrate* dar. Hierbei lehnt er sich an die Verurteilung Sokrates´ zum Tode an, der wegen Gottlosigkeit und Verderblichkeit angeklagt wurde und dieses Verbrechen wurde mit dem Tod durch Vergiften geahndet. Die Verhandlung und der Tod Sokrates' sind unter anderem in Platons Schrift *Apologie* beschrieben. Lamartine greift nun diesen antiken Stoff wieder auf, doch wir wollen uns damit nur oberflächlich beschäftigen, und die für uns interessanten Aspekte herausfiltern. Sokrates erhielt von seinen Henkern den mit Gift gefüllten Kelch, den er, obwohl er sich für unschuldig bekannte, ohne ein Mienenspiel – beinah genüsslich austrank, nachdem er noch zwei absichtlich vergossene Tropfen den Göttern gewidmet hatte:

> Mais Socrate élevant la coupe dans ses mains :
> « Offrons! offrons d´abord aux maîtres des humains
> De l´immortalité cette heureuse prémice! »
> Il dit ; et vers la terre inclinant le calice,
> Comme pour épargner un nectar précieux
> En versa seulement deux gouttes pour les dieux,
> Et, de sa lèvre avide approchant le breuvage,
> Le vida lentement sans changer de visage,[25]

Nach diesem Akt legt sich Sokrates auf sein Totenbett, und noch während des Übergangs zum ewigen Schlaf wird er von seinem unerschrockenen Schüler Cébès aufgesucht und über den Tod befragt, was Sokrates im Sterben liegend sieht und dabei empfindet:

---

[23] A. de Lamartine: *Hymne de la mort*, Verse 1; 13-14, S. 441.
[24] A. de Lamartine: *Novissima verba*, ou Mon âme est triste jusqu´à la mort! S. 472.
[25] A. de Lamartine: *La mort de Socrate*, Verse 573-580. In: *Poésies choisies*, 1927, S. 37-38.

L´intrépide Cébès penché sur notre ami,
Rappelant dans ses yeux l´âme qui s´évapore,
Jusqu´au bord du trépas l´interrogeait encore:
« Dors-tu? lui disait-il ; la mort, est-ce un sommeil? »
Il recueillit sa force, et dit: « C´est un réveil!
...

- [Cébès :] Ne nous trompais-tu pas? réponds : l´âme était-elle...?
- Croyez-en ce sourire, elle était immortelle!...
- De ce monde imparfait qu´attends-tu pour sortir?
- J´attends, comme la nef, un souffle pour partir!
- D où viendra-t-il? - Du ciel! - Encore une parole!
- Non; laisse en paix mon âme, afin qu´elle s´envole! »[26]

Sokrates antwortet Cébès, dass der Tod ihm nicht wie ein Schlaf begegnet, sondern er wie ein neues Erwachen ist, und er sich fühle wie ein Schmetterling, der nach dem Schlüpfen seine sterbliche Hülle auf der Erde hinterlässt und sich auf den Schwingen gen Himmel befindet. Die Essenz des Ganzen mündet in der Formel, dass die Seele allein unsterblich ist und wir werden dabei wieder an die Worte Lamartines in seiner *Hymne à la mort* erinnert, der nur noch im Tod sein wahres Glück zu finden glaubt: « Élève-toi, mon âme, au-dessus de toi-même, [...] ...Ah ! mourons pour vivre toujours ! »[27] Die ganze weitere Beschreibung des Totenbettes des Sokrates bei Lamartine erinnert uns an die Schilderung der Szene der toten Elvire auf ihrem Totenbett in *Le crucifix*.

VIII Lamartines erste politische Orientierung

Schreiten wir noch einmal zurück und schauen uns den Werdegang des Lamartine zum Beginn der Restaurationszeit an. Alphonse de Lamartine wuchs in einer königstreuen Familie auf, und 1814 tritt er, nach dem Fall Napoleons und dem Scheitern des Empire in die Leibwache von Ludwig XVIII ein, wo er aber keinerlei Gefallen am Militärdienst und den höfischen Funktionen findet. Schon bereits Ende des Jahres 1815 quittiert er aus gesundheitlichen Gründen den Militärdienst wieder.

In den Beginn der Bourbonenherrschaft fallen Lamartines erste Versuche politischer Schriftstellerei, die ziemlich oppositionell gewesen sein müssen. Er schreibt dazu an seinen Onkel, zu dem er ein sehr gutes Verhältnis pflegte, dass er ein paar kleinere politische Abhandlungen verfasst habe, die sehr delikat vielleicht sogar skandalös seien, sodass er sie

---

[26] Ebenda, Verse 774-778; 787-792, S. 38.
[27] Siehe oben auf Seite 11 (bzw. unter Fußnote 23)

schließlich der Schublade wieder zuführte. Im Jahr 1816 will Lamartine erste politische Artikel in mehreren Zeitschriften von Paris publiziert haben.

In den 20er Jahren ist Lamartine dann im diplomatischen Dienst tätig und lebt längere Zeit in Italien. Im Jahre 1826 wird er Gesandtschaftssekretär in Florenz; er ist Diplomat, der jedoch keine Karriere macht, da er sich nicht allzu weit mit der herrschenden Regierung einlassen will. So lehnte er z.b. die Stellung als Direktor der auswärtigen Angelegenheiten im Ministerium Polignacs ab, da er den Staatsstreich vorausgesehen hat, und ihn nicht mitmachen will.

IX Lamartine und das öffentliche Leben in der großen Politik

Lamartines stetige Beschäftigung mit der Politik beginnt im Jahre 1830 und gleichzeitig steigt in ihm der Plan, sich um ein Mandat in der Deputierten-Kammer zu bewerben. Nach der Juli-Revolution 1830 und der Abdankung Karls X quittiert er den diplomatischen Dienst in Florenz, weil er, wie so viele Adelige, den neuen Monarchen Louis-Philippe, den „Bürgerkönig", nicht als rechtmäßigen Herrscher betrachtet. Bei seiner ersten Kandidatur zum Abgeordneten im Juli des Jahres 1831 scheitert er in Bergues, in Toulon und Mâcon bei der Wahl, da seine Kandidatur von der Regierungsseite nicht genügend unterstützt wird; er wird nicht ganz mit Unrecht als Legitimist angesehen.

Ab 1833 ist Lamartine Abgeordneter des Wahlkreises Mâcon und bleibt fortan bis zum Jahre 1851 dort ständig wieder gewählter Deputierter in der Kammer. Seit längerem dem Liberalismus zugewandt beginnt für Lamartine nun eine 20-jährige Periode der politischen Aktivität und damit ein weitgehender Rückzug vom dichterischen Schaffen. Lamartines politische Position in der Kammer ist die eines Linkskatholiken, dass heißt er ist trotz einer patriarchalischen Grundeinstellung aufgeschlossen für die sozialen Probleme der Zeit, insbesondere das Problem der zunehmenden Pauperisierung (also Verelendung) und Proletarisierung der wachsenden Arbeitermassen in den sich rasch vergrößernden Städten. Außerdem war er ein gefeierter Redner, wenn es nicht um Realpolitik, sondern um grundsätzliche Fragen ging wie die Abschaffung der Todesstrafe – die er literarisch in seiner *Ode contre la peine de mort* abhandelte – und weiter, wenn es um die Freiheit, den Fortschritt und die Bedeutung der Eisenbahnen für eine neue Menschheit ging. Ferner legt Lamartine seine politischen Ansichten in der *Réponse à Némésis* sowie in dem Aufsatz *Sur la Politique Rationelle*, in der *Ode sur les Révolutions* nieder.

In der Kammer ist sein Ziel Einfluss zu erlangen um seine Ambitionen als politischer Führer einer Partei zu verwirklichen. Anfänglich hofft er auch, dass seine politischen Forderungen in ein Regierungsprogramm aufgenommen werden könnten, doch die Desillusion verdrängt schnell diese Hoffnung.

Der Politiker Lamartine ist bedacht, sich nirgends allzu sehr festzulegen und schlägt sekundäre Ministerien aus, um einer eventuellen Wahl als Minister des Äußern oder des Innern oder als Ministerpräsident nicht zu schaden. Überall dort, wo er eingreift, ist sein Ziel eine Mehrheit für sich zu schaffen. Er glaubt, regieren und fortschreiten sei eins, und ihm sei es beschieden, der Regierung die Bahn zu weisen, die Frankreich nach Gottes Willen zu gehen habe. Vielmehr aber als die Dankbarkeit derer, die er unterstützt, erregt er den Hass derer, die von ihm angegriffen werden – und so bleibt er als Politiker in der Vereinzelung.

Im August des Jahres 1840 verliert er seinen Vater Pierre de Lamartine und im darauf folgenden Jahr stirbt sein Freund Aymon de Virieu, sein engster Vertrauter, der ihn schon bei seinen Liebschaften mit Julie Charles zur Seite stand; aber auch Léon, sein Sohn, den ihm seine Liebschaft Nina de Pierreclau 1813 gebar, verstarb im selben Jahr. Das Jahr 1841 schien Lamartine nicht wohl gesonnen zu sein, denn im Dezember desselben Jahres erlosch auch seine Hoffnung Präsident der Deputierten-Kammer zu werden, denn er blieb in der Minderheit. Dieses Scheitern und andere persönliche Enttäuschungen, vor allem der Umstand dass sich von den Ministern gerade François Guizot, den Lamartine als Kammermitglied bekämpft hat, am meisten für die besonderen königlichen Interessen einsetzt, veranlassen Lamartine 1843 gänzlich mit dem Regime von Louis-Philippe zu brechen und sich zum oppositionellen Republikaner und gefürchteten politischen Redner zu entwickeln. Es hat ihn dazu auch die Einsicht bewogen, auf der damaligen Grundlage nichts erreichen zu können, was über die Interessen der Dynastie hinausgeht, denn lange hatte Lamartine die Bedeutung des Königs als Person viel zu gering geschätzt. Dieser König übte Argwohn gegenüber dem Politiker Lamartine, denn jener hatte seinen Ärger erregt aufgrund von Lamartines unglücklichen Strophen über das Haus Orléans in seinem *Chant du Sacre*.

Im selben Jahr kämpfte Lamartine zwar noch für die Regentschaft der Herzogin von Orléans, da im Allgemeinen eine weibliche Regentschaft eher den Rechten eines souveränen Volkes entgegenkäme, doch auch dieses Ziel blieb unerfüllt. Lamartine ist, um einen Ausdruck seiner Zeit anzuwenden, ein Republikaner „de la veille". Ihm sind die Formen, in denen sich das staatliche Leben abspielt, verhältnismäßig gleichgültig, sodass er die Monarchie leicht preisgeben kann. Um aber ein fanatischer Vertreter der Republik zu sein, bleibt er doch allzu sehr sein Leben lang ein „Ehrenmann".

X Lamartines Aufstieg in die historische Geschichtsschreibung

Seinem Streben nach Frieden und Gerechtigkeit ersucht Lamartine in der Politik nachzukommen, aber seine Parlamentskollegen, mehr auf die Tagespolitik erpicht, nahmen ihn nicht recht ernst, so greift er auf seine literarischen Fähigkeiten zurück, um Gehör zu erlangen und seinen Worten Nachdruck zu verleihen. Lamartine besaß schon in Mâcon eine eigene Zeitung: *Le bien public*. Der Poesie hatte er weitgehend entsagt und infolge seiner großen politischen Aktivität und seiner Beschäftigung mit den Revolutionszeiten, flüchtete er sich in einen großen literarischen Plan: 1844 schließt er mit dem Verleger Furne den Vertrag auf die Lieferung einer *Histoire des Girondins* ab, dass heißt eine Darstellung der Französischen Revolution. Vom 20.März 1847 an erscheinen die acht stattlichen Bände; der Erfolg übertrifft die Erwartungen. Diese „Geschichte der Girondisten", die zwar auf Grund eines reichen Quellenmaterials geschrieben worden ist, aber mit berechtigter Vorsicht den Anspruch eines echten Geschichtswerks nicht erhebt, setzt – nach einem kurzen Rückblick – im dritten Jahr der Revolution ein, im April 1791; sie schließt mit dem 9.Thermidor (27.Juli 1794), dem Ende Robespierre. Sie zeigt einen Lamartine, der in einer klingenden, poetischen Sprache und in kühnen Bildern auf engem Raum die Personen der Handlung porträtiert, wo es der Fluss des Geschehens verlangt.

XI Lamartines politischer Fortschritt

Die monumentale *Histoire des Girondins* wird in ganz Frankreich ein Antrieb zu neuem politischen Handeln; die Angst vor energischem Vorgehen schwindet ob dem Vorbild der von Lamartine idealisierten Revolutionsmänner. Alles Schreckliche der Revolutionszeit wird als vermeidbarer Fehler hingestellt und somit als Signal zu einer neuen Revolution gedeutet.

Die „Geschichte der Girondisten" wurde somit zur Bibel der Revolution und gleichsam ein Handbuch des Volksaufstandes, und verurteilte den Dichter Lamartine gewissermaßen zur republikanischen Führerschaft. Hiermit stehen wir nun am Beginn der Februar-Revolution von 1848. Lamartine hatte sein Ziel erreicht – er war als Führer einer Regierung in ganz Frankreich populär geworden, dass heißt er war für drei Monate Chef der provisorischen Regierung, die die Zweite Republik ausrief.

Seine Rolle während dieser Regierungszeit hat Lamartine in seinen *Trois mois au pouvoir* (1848) geschildert. Hierin beschreibt er an das Volk und unternimmt den Versuch einer Rechtfertigung seiner politischen Geschicke. Dabei listet er im Einzelnen die Vorwürfe auf, die gegen ihn herangetragen worden sind, die ihn bezichtigen, nicht nach den Vorstellungen des Volkes und sogar zu dessen Schaden gehandelt zu haben, da er absichtlich die Politik in eine falsche Richtung gelenkt habe. Lamartine ist bemüht jede dieser Anschuldigungen zu entkräftigen, indem er die Details der Umstände bis ins Kleinste erörtert – die Für und Wieder nennt, die ihn in der einen oder anderen politischen Situation genötigt haben, auf die eine oder andere Weise gehandelt zu haben, um zu einer angemessenen Lösung zu gelangen. Dabei sei an dieser Stelle nur ein vereinfachtes Beispiel zu nennen. So wurde ihm vorgeworfen,

> „er habe nach der Vereinigung der Nationalversammlung aus Kleinmut die alleinige Obergewalt ausgeschlagen, welche ihm anzubieten die Nationalversammlung geneigt war, wie man sagte, und zu welcher zwei Millionen Stimmen ihn ihr vorschlagen konnten; er habe so die Nationalversammlung verleitet, eine Regierungskommission ohne Übereinstimmungen und ohne Energie zu bilden in der Verwaltung der damals so schwierigen Geschäfte." [28]

Außerdem wurden Lamartine noch weitere schwerwiegende Vorwürfe unterbreitet, wie z.B. er habe Wahlen verzögert, um die diktatorische Macht der Regierung, deren Mitglied er war, zu verlängern, zudem habe er seine Schulden mit dem Gelde der Republik bezahlt und er habe aufgrund seiner mangelnden Handlungsbereitschaft in der Funktion des Außenministers die Sicherheit der Republik gefährdet. Aber wir werden an dieser Stelle darauf verzichten, die genauen Ausführungen Lamartines hier darzulegen, da es den zur Verfügung stehenden Rahmen sprengen würde und dem weiteren Verlauf dieser Arbeit nicht dienlich wäre. Es sollte lediglich der Augenmerk auf den Politiker Lamartine und seine politischen Aktionsraum gelegt werden, ohne dabei seine politischen Aktionen im Einzelnen näher zu bewerten oder gar zu diskutieren.

---

[28] A. de Lamartine: *Trois Mois au pouvoir,* aus dem Frz. übersetzt von Otto Wolff, S. 5-6.

Seine frühen politischen Forderungen versucht Lamartine in der Revolution von 1848 in die Praxis umzusetzen. Er schaffte die Todesstrafe für politische Verbrechen ab und zeigte sich für die sozialen Probleme seiner Zeit aufgeschlossen. Sein selbstformuliertes Ziel war es, die Macht der Bürger voranzutreiben. Da Lamartine auch zum Minister des Auswärtigen der neuen Republik ernannt wurde, schöpfte man Zuversicht und Hoffnung für ein friedliches Land.

Der Ruhm, der eigentliche Schöpfer dieser Republik und eine Zeitlang der populärste Mann Frankreichs gewesen zu sein, darf Lamartine nicht vorenthalten werden. Jedoch war er nie ein Menschenkenner; Lamartine ist benutzt, ja ausgenutzt worden – auch in der Kammer – so verlor er schnell seine Illusionen. Dieser Umstand muss uns misstrauisch machen gegenüber Lamartines Auffassung, er habe die führende Rolle in der Revolution von 1848 gespielt, wenn er auch zweifelsohne ein weltgewandter Mensch war, der sich in Szene zu setzen wusste. Der Tag der Eröffnung der neuen Konstituante (4.März), in die er in zehn Departements gewählt war, wird für ihn zu einem ruhmreichen Triumphtag und stellt zugleich seinen politischen Höhepunkt dar.[29]

XII Der Tod des Louis XVI in der *Histoire des Girondins*

Den Tod Ludwigs XVI hat Lamartine in seiner Geschichte der Girondisten in einer Weise dargestellt, und gerade dieser Teil der Geschichte ist dazu geeignet, den Stil des Lamartine aufzusaugen und tiefere Blicke in das Getriebe jener Zeit zu tun. Natürlich sind auch die Abschnitte über den Tod der Marie Antoinette und der Mme Roland de la Platière unvergesslich.

Lamartine beschreibt in seiner *Histoire des Girondins* nicht einfach nur im Detail die Geschehnisse der Zeit, nein – er versieht sie im Allgemeinen mir wertenden Ergänzungen, deren Ursprung, sei es fremder Herkunft oder Ursprung seiner selbst, nicht eindeutig auszumachen scheint – und dennoch gibt es kaum einen Zweifel darüber, auf welcher Seite sich Lamartine positioniert, und warum dieses Werk seinen politischen Aufstieg besiegelte:

---

[29] Berühmt wurde vor allem sein Manifest vom 6. März 1848

L´aspect de la ville était menaçant, l´aspect de l´einceinte était sinistre. La commune et les jacobins, décidés à emporter la condamnation de Louis XVI comme une victoire personnelle sur leurs ennemis, et à pousser la contrainte morale jusqu´à la violence, avaient rassemblé depuis plusieurs jours à Paris toutes les forces...[30]

Lamartine äußert sich z.B. ganz offen in seiner „Histoire" darüber, dass der König nicht als Person, sondern allein in der Institution des Königtums als Schuldiger sterben musste, als ein Mensch der den Titel des Königs trug. Somit hatte er keine Chance, dem Streben der Jakobiner nach „Gerechtigkeit" zu entkommen. Die Vernichtung des Königtums blieb vorrangig, und so war das Schicksal des Louis XVI von vornherein besiegelt:

...la rigueur de la saison qui tendait la fibre et qui portait au désespoir ; enfin ce nom de roi qui résumait en lui toutes les misères, toutes les iniquités, toutes les trahisons imputées à la royauté, et qui faisait croire au peuple qu´en immolant l´homme qui portait ce titre on immolerait du même coup les calamités, les crimes, les souvenirs et les espérances d´une institution répudiée;...[31]

Fahren wir fort und betrachten die Verkündung des Urteils gegen den König, das Vergniaud verlas. Er gab bekannt, dass 334 Personen für die Verbannung des Königs gestimmt hatten, und 387 Stimmen gab es für seinen Tod. Lamartine zieht nun aus diesem Fakt weitere analytisch-theoretische Überlegungen und präsentiert sein Ergebnis dem Leser:

Der Tod zählt also 53 Stimmen mehr als die Verbannung; aber zieht man von den Abstimmungen auf den Tod die 46 Stimmen ab welche denselben nur mit dem ausdrücklichen Verlangen ausgesprochen hatten dass die Vollstreckung aufgeschoben werde, so blieb also nur eine Mehrheit von sieben Stimmen für den Tod. Standen also drei Menschen auf einer anderen Seite, so ergab sich eine andere Zahl und ein anderes Urteil. Folglich waren es die zwölf oder fünfzehn Häupter der Gironde deren Hand in eine beinahe gleiche Waage das entscheidende Gewicht geworfen hatte. Der Tod der Wunsch der Jakobiner, war die Tat der Girondisten.[32]

Und weiter fährt Lamartine fort, um seinem Résumé die entsprechende wertende Note zu verleihen, um die Schuldigen für dieses Todesurteil abzuurteilen:

Vergniaud und seine Freunde machten sich zu den Scharfrichtern Robespierres. Der Tod des Tyrannen, eine Leidenschaft bei dem Volke, war in der Gironde ein Zugeständnis. Die Einen verlangten diesen Kopf als das Zeichen des Wohls der Republik, die Anderen gaben ihn für das Wohl ihrer Partei. Wenn die Leidenschaft der Einen blind und unbarmherzig war, welchen Namen soll man dann dem Zugeständnis der Anderen beilegen? Wenn der Mord aus Rache ein Verbrechen ist, so ist der Mord aus Feigheit ein gedoppeltes Verbrechen.[33]

Danach geht die Erzählung Lamartines weiter mit der Beschreibung der letzten Stunden des Königs im Temple, seine letzte Zusammenkunft mit seiner Familie und die Gebete mit dem Abbé Edgeworth. Darauf folgt der Morgen der Guillotinierung des Louis XVI; Lamartine

---

[30] A. de Lamartine: *Mort de Louis XVI*, Münster, S. 53.
[31] Ebenda, S. 54.
[32] A. de Lamartine: *Geschichte der Girondisten*, Baden, 1847, Band 5, S. 55-56.
[33] Ebenda, S. 56.

beschreibt ausführlich den Weg des Königs im Pferdewagen bis zum Place de la Révolution, auf welchem an diesem Tage die Guillotine gegenüber dem Palaste der Könige installiert wurde. Nachdem Lamartine die Herkunft und Funktionsweise des Todeswerkzeuges ausführlich erklärt hatte, setzt der letzte Akt der Hinrichtung ein. Nachdem dem sich Louis XVI seinen Henkern überlieferte, der Kopf des Königs auf dem Schaffot gefallen war und fanatische Republikaner „Vive la république" ausriefen, löste sich die Volksmenge schnell in den Strassen von Paris auf, und Lamartine beendet dieses Kapitel auf folgende Weise:

> Des bandes de fédérés armés parcoururent les quartiers de Paris en annonçant la mort du tyran et en chantant le sanguinaire refrain de la Marseillaise. Aucun enthousiasme ne leur répondit, la ville resta muette. Le peuple ne confondait pas un supplice avec une victoire. La consternation était rentrée avec la liberté dans la demeure des citoyens. Le corps du roi n´était pas encore refroidi sur l´échafaud que le peuple doutait de l´acte qu´il venait d´accomplir et se demandait, avec une anxiété voisine du remords, si le sang qu´il venait de répandre était une tache sur la gloire de la France ou le sceau de la liberté. La conscience des républicains eux-mêmes se troubla devant cet échafaud. La mort du roi laissait un problème à débattre à la nation.[34]

Lamartine urteilt über das Geschehene, und zieht als Fazit, dass das Volk keinesfalls die Hinrichtung mit einem Sieg verwechsele. Es frage sich jedoch gewissenhaft, ob dieses vergossene Blut dem Ruhme Frankreichs anhafte oder ob es das Siegel der Freiheit sei. Selbst die Republikaner begründen Zweifel an dieser Hinrichtung, die nun ein Problem der Erörterung der Nation gegenüber hinterließ.

XIII Der politische Tod gegen Napoleon III.

Nehmen wir nun Abstand von Lamartines historisch wohl populärstem Werk und blicken auf die Gründe, die dazu geführt haben, dass Lamartine sein politisches Regierungspotenzial und damit seine Macht verlor. Als Lamartine allein zum „Ministre executif" ernannt werden soll, weigert er sich aufgrund seiner demokratischen Prinzipien, dieses Amt alleine auszuführen – eine Entscheidung, die ihn schließlich zum politischen Scheitern verurteilen wird, denn sein Einfluss schwindet im selben Maße, wie er gestiegen ist. Schon wenig später, im Dezember des Jahres 1848 kandidiert Lamartine für das neue Amt des Staatspräsidenten, er unterliegt jedoch mit großer Mehrheit gegen Louis-Napoléon Bonaparte, den Neffen von Kaiser Napoléon.

---

[34] A. de Lamartine: *Mort de Louis XVI*, Münster, S. 106-107.

Nach dem Staatsstreich Bonapartes am 2. Dezember 1851 und der Etablierung des Second Empire 1852 ist Lamartines politische Rolle ausgespielt; Napoléon III. hatte ihm noch ein Ministerium angeboten – doch Lamartine tritt, kaum beachtet, ganz von der Staatskarriere zurück – der politischer Tod war ihm beschieden.

XIV Lamartines Lebensabend in der Abgeschiedenheit und seine existenziellen Probleme

Lamartines erfolgreichste und qualitativ am höchsten zu bewertende Lebensphase waren, wie wir gesehen haben, die Jahre zwischen 1820-1848. Hier stieg sein dichterischer Ruhm und sein politischer Werdegang nahm seinen Lauf. Dagegen stehen nun seine einsamen Jahren in der „Abgeschiedenheit" von 1848 bis zu seinem Tode im Jahre 1869.

Nachdem Lamartines politische Rolle gegen Napoleon III. ausgespielt war, begann für ihn ein Lebensabend, der das Altern mit Schmerz erfüllte. Lamartine hatte noch im Jahre 1849 die *Histoire de la révolution de 1848* verfasst. Ab dem Jahre 1851 erschien seine *Histoire de la Restauration* in acht Bänden (bis 1853). Dieses Werk bedeutete für Lamartine schon ein kommerzielles Unternehmen, da er völlig überschuldet aus den Präsidentschaftswahlen ging.

Die letzten 20 Jahre im Leben Lamartines sind von einem finanziellen Überlebenskampf geprägt. Er lebt mühsam von seiner Feder, dass heißt von einigen wenig erfolgreichen autobiographischen Romanen und seinem 1856-69 monatlich in einer Zeitschrift erscheinenden *Cours familier de littérature*.

Doch die Wahrheit über die Ursache seine Schulden lag weniger in einem prunkvoll geführten Leben, als in einer unbeschreiblichen Großzügigkeit. Aber auch sein Geschäft als Weinbauer hatte ihm eine Menge Vermögen abgerungen, vor allem seine oft sehr optimistischen Spekulationen – doch er fühlte sich zu stark verbunden mit seinen ländlichen Wurzeln, so dass seine Liebe für die Bauern- und Weinwirtschaft ungebrochen blieb. Doch letztendlich bedeutet auch dies seinen finanziellen Ruin.

Sein literarisches Schaffen war zum größten Teil auch infolge seines politischen Scheiterns nur noch von geringfügiger Bedeutung - es fand nur noch wenig Zuspruch, da auch Lamartines Qualität der Quantität wich, da er aufgrund seiner schwierigen finanziellen Lage sich genötigt sah, fortan der Feder den Vorrang zu gewähren. So produzierte er noch einige

Schriften, die jedoch an seine einstigen Erfolge nicht mehr anknüpfen konnte – er hatte seinen literarischen Höhepunkt überschritten. Sein Lebensabend war somit sehr traurig und nicht ohne Sorgen – Lamartine schrieb:

> « Je quitte sans regret les affaires publiques, parce que je ne m´y suis jamais mêlé dans la pensée de faire des hommes ou des événements l´instrument de ma fortune, de ma puissance ou de ma renommée.... Si mon pays ne veut plus de moi, je ne lui reproche ni injustice, ni inconstance, ni ingratitude ; je le remercie de me congédier et je passe avec joie au service d´un meilleur maître, auquel je désire consacrer mes dernières années dans la solitude, dans la contemplation et dans la confession du peu de vérités qu´il est donné à l´homme d´entrevoir ici-bas. »[35]

Lamartine bedauert es offenbar nicht aus der Politik ausgestoßen worden zu sein – er sieht seinen Kampf als beendet und begibt sich in den Dienst eines besseren Meisters, nämlich Gott, dem er seine letzten, einsamen Jahre widmet. Er blicke nur noch wenig wehmütig zurück an seine großen Tage in der Politik, nun findet er zwar kein Gehör mehr, aber es sei an der Zeit sich für den Gang in die Ewigkeit vorzubereiten: « ...Un peu de ce siècle porte mon nom, c´est assez ; c´est l´heure de se taire, de disparaître et de se préparer au grand pas de l´éternité ».[36]

Seine letzte Erniedrigung erfährt Lamartine als die Regierung unter Napoleon III. ihm für nationale Verdienste, eine Rente von 25.000 Francs zuspricht, und er sie aufgrund seiner schlechten finanziellen Lage annehmen muss.

XV Der physische Tod des Alphonse de Lamartine

Am Abend des 28. Februar des Jahres 1869 stirbt Alphonse de Lamartine in Gegenwart von Valentine de Cessiat, seiner Nichte, die er vermutlich im September 1867 noch geheiratet hat, nachdem seine Frau Marianne de Lamartine im Mai des Jahres 1863 verstorben war. Jedenfalls führte er ein sehr inniges Verhältnis zu seiner Nichte Valentine. Das Abschwächen seiner geistigen Fähigkeiten mit zunehmendem Alter verschlimmerte die Abgeschiedenheit des Lamartine, der im öffentlichen und politischen Leben bis zu seinem Tod keine Beachtung mehr fand und erst danach aus der Vergessenheit wieder lebendig in Erinnerung gerufen wurde. Doch auch nach seinem Tod fand man rühmende Worte nur für den Dichter Lamartine; der Politiker Lamartine dagegen fand kaum Würdigung. « En politique...il fut un peu trop poète »[37] urteilte die Pariser Zeitung *Le Constitutionnel*, und kritisierte damit noch

---

[35] Doumic, René: *Lamartine*, S. 101-102.
[36] Ebenda, S. 102.
[37] Tudesq, A.J : *La presse parisienne de 1869 et la mort de Lamartine*, S. 196.

posthum den mangelnden Realitätsbezug des einstigen Chef der Regierung. Sicherlich kann man dies als Leichenfledderei bezeichnen, doch aufgrund der Eigenwilligkeit der französischen Geschichte beim Kampf um die Macht zwischen Republikanern und Girondisten soll uns dieses Verhalten nicht weiter wundern, wenn es auch von genannter Seite her pietätlos erscheint. Lamartine hatte sich öffentlich weder für noch gegen das Second Empire ausgesprochen, er war aber auch kein echter Republikaner – Lamartines politischer Aktionsrahmen war ein allzu großer Kompromiss für ihn; seine schon zu damaliger Zeit progressiven und demokratischen Ziele waren unter keiner dieser Regierungsformen durchsetzbar, daher fiel es ihm auch schwer, sich für die eine oder andere Seite zu entscheiden; überall musste er zwangsläufig große Kompromisse eingehen.

Tatsache ist, dass man den „Menschen Lamartine" überwiegend als Poeten betrachtete, der zwar geschickt sei, die Zukunft vorherzusehen, aber ungeeignet sei die Gegenwart zu lenken. Damit wurde er auch nach seinem Tod politisch ins Abseits gestellt und für unbedeutend erklärt, sodass man von einem erneuten Tod des „Politikers Lamartine" nach dem physischen Tod des „Menschen Lamartine" sprechen kann. Eine interessante Formulierung, wenn man vor allem bedenkt, dass Lamartine zu seinen Lebzeiten die Entscheidung gefällt hatte, nach dem Tode kein Staatsbegräbnis zu erhalten, weil er seiner Familie vielleicht weitere Heucheleien von Seiten des Staates ersparen wollte. Von Seiten der Politik wurde die Frage, ob man Lamartine ein Staatsbegräbnis offerieren solle, mit großer Zurückhaltung diskutiert. Der Zuspruch für ein Staatsbegräbnis war nicht in dem Maße, wie man es für einen ehemals gefeierten Politiker hätte erwarten können. Lamartine wollte unsterblich werden, doch er erkannte, dass er diesen Status nur als Poet erreichen würde; die damaligen Zeiten ließen es nicht zu, dass man ihn für literarische und unterdessen noch für politische Erfolge zugleich würdigte. Möglich, dass sich Lamartine so gezwungen sah, mit der Abweisung eines Staatsbegräbnisses, seinen Ruf als Dichter für die Ewigkeit zu wahren und seine politische Identität weitgehend zu opfern. Letztendlich widerstrebte es Lamartine auch, dass man ihn nach seinem Tode für etwas rühmen wollte, was ihm zuvor nicht zuerkannt wurde.

An dieser Stelle möchte ich meine Betrachtungen über den Aufstieg und Abstieg des Alphonse de Lamartine ausklingen lassen und die letzten Worte dieser wirklich unterschätzten Persönlichkeit selbst überlassen: „Die Weisheit spricht von den Lippen derer, die sterben."[38]

---

[38] http:parapsychologie.ac.at/programm/ss2001/steiner/todesnae.htm

Bibliographie

Lamartine, Alphonse de: *Oeuvres poétiques complètes*, texte établi, annoté et présenté par M.-F. Guyard. Paris : Gallimard, 1963, XXXVIII. (Bibliothèque de la Pléiade 165.)

Lamartine, A. de: *Poésies choisies*. Publiées avec un notice biographique, des notices littéraires et des notes explicatives par Fernand Flutre. 2e édition. Paris : Hachette, 1927.

Lamartine, A. de: *Ausgewählte Gedichte*, übersetzt von Leonard. Korth und Alphonse Levy. Leipzig o. J. [um 1880], Reclam (RUB).

Lamartine, A. de: *Mort de Louis XVI*. Tirés de l'histoire des Girondins et suivie d'un commentaire histor.. Münster: Theissing o. J. VIII. (Bibliothek gediegener und interessanter französischer Werke, Band 4.)

Lamartine, A. de: *Geschichte der Girondisten*, aus dem Französischen übersetzt von Gustav Diezel und Gottlob Fink. Baden: Zehnder'sche Verlagsbuchhandlung, 1847, Band 5/6.

Lamartine, A. de: *Trois Mois au pouvoir*, aus dem Französischen übersetzt von Noth „Drei Monate am Staatsruder". Leipzig: Matthes, 1848.

Citoleux, Marc: *Lamartine – La poésie philosophique au XIXe siècle*. Paris: Plon-Nourrit, 1905.

Doumic, René: *Lamartine*. Paris: Hachette, 1912.

Droz, Heinrich (Inaugural-Dissertation): *Lamartine und die Revolution von 1848*. Zürich: Rüegg, 1919.

Guillemin, Henri: *Lamartine, l'homme et l'œuvre*. Paris: Boivin, 1940.

Kablitz, Andreas: *Lamartines Méditations Poétiques*, Untersuchungen zur Bedeutungskonstitution im Widerstreit von Lesererwartung und Textstruktur. Stuttgart: Franz Steiner Verlag, 1985.

Marquis de Luppé: *Les travaux et les jours de Lamartine*. Paris: Albin Michel, 1948.

Leo, Ulrich: *Zwei Einsamkeiten*, in: Romanistische Aufsätze aus drei Jahrzehnten. Hrsg. Von Fritz Schalk. Köln, Graz : Böhlau Verlag, 1966, S. 357-378.

Truc, Gonzague: *Lamartine*. Bruxelles : La Renaissance du Livre ,1968.

Tudesq, A.J : *La presse parisienne de 1869 et la mort de Lamartine*, in : Le livre du Centenaire. Etudes recueillies et présentées par Paul Viallenaix. Paris : Flammarion, 1971, S.191-201.

Verdier, Abel: *« La tombe sans nom » d'Elvire fut-elle a Tavers ?* In : Revue des Sciences Humaines, Tome XXXIV. Lille : Université Charles de Gaulle, 1969, S. 571-576.